U0016843

給青年詩人的信

里爾克（Rainer Maria Rilke）著

馮至　譯

Briefe an einen
jungen Dichter

聯經

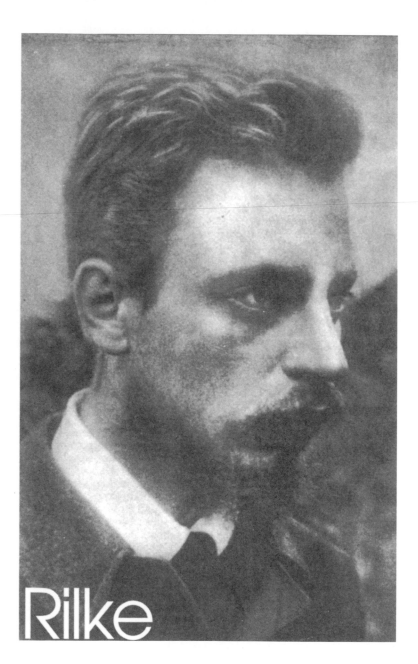

Rilke

譯者序

　　這十封信是萊內・馬利亞・里爾克*在他三十歲左右時寫給一個青年詩人的。里爾克除卻他詩人的天職外，還是一個永不疲倦的書簡家；他一生寫過無數比這十封信更親切、更美的信。但是這十封信卻渾然天成，無形中自有首尾；向著青年說得最多。裡邊他論到詩和藝術，論到兩性的愛，嚴肅和冷嘲，悲哀和懷疑，論到生活和職業的艱難——這都是青年人心裡時常起伏的問題。

　　人們愛把青年比作春，這比喻是正確的。可是彼此的相似點與其說是青年人的晴朗有如春陽的明麗，倒不如從另一方面看，青年人的愁苦、青年人的

---

　　*　里爾克（Rainer Maria Rilke，1875-1926），布拉格出生的德語詩人。（編者注）

生長，更像那在陰雲暗淡的風裡、雨裡、寒裡演變著
的春。因為後者比前者更漫長、沉重而更富有意義。
我時常在任何一個青年的面前，便聯想起荷蘭畫家梵
谷的一幅題作《春》的畫：那幅畫背景是幾所矮小、
狹窄的房屋，中央立著一棵桃樹或杏樹，樹椏的枝幹
上寂寞地開著幾朵粉紅色的花。我想，這棵樹是經過
了長期的風雨，如今還在忍受著春寒，四圍是一個窮
乏的世界，在枝幹內卻流動著生命的汁漿。這是一個
真實的、沒有誇耀的春天！青年人又何嘗不是這樣
呢，生命無時不需要生長，而外邊卻不永遠是日光和
溫暖的風。他們要擔當許多的寒冷和無情、淡漠和誤
解。他們一切都充滿了新鮮的生氣，而社會的習俗卻
是腐舊的，腐舊得像是洗染了許多遍的衣衫。他們覺
得內心和外界無法協調，處處受著限制，同時又不能
像植物似地那樣沈默，他們要向人告訴，——他們尋
找能夠聽取他們的話的人，他們尋找能從他們表現力

不很充足的話裡體會出他們的本意而給以解答的過來
人。在這樣的尋找中幾乎是一百個青年中就有一百個
失望了。但是有一人，本來是一時的興會，寫出一封
抒發自己內心狀況的信，寄給一個不相識的詩人，那
詩人讀完了信有所會心，想起自己的青少年時代，彷
彿亦在撫摩他過去身上的痕跡，隨即來一封，回答一
封，對於每個問題都回覆一個精闢的回答和分析。——
同時他也一再聲明，人人都要自己料理，旁人是很難
給以一些幫助的。

　　可是他告訴我們，人到世上來，是艱難而孤
單。一個個的人在世上好似園裡那些並排著的樹。枝
枝葉葉也許有些呼應吧，但是它們的根，它們盤結在
地下攝取營養的根卻各不相干，又沉靜，又孤單。人
每每為了無謂的喧囂，忘卻生命的根蒂，不能在寂寞
中、在對於草木鳥獸（它們和我們同樣都是生物）的
觀察中體驗一些生的意義，而只在人生的表面上永遠

往下滑過去而已。這樣，自然無所謂艱難，也無所謂孤單，只是隱瞞和欺騙。欺騙和隱瞞的工具，里爾克告訴我們說，是社會的習俗。人在遇見了艱難、遇見了恐怖、遇見了嚴重的事物而無法應付時，便會躲在習俗的下邊去求它的庇護。它成了人們的避難所，卻不是安身立命的地方。——誰若是要真實地生活，就必須脫離開現成的習俗，自己獨立成為一個生存者，擔當生活上種種的問題，和我們的始祖所擔當過的一樣，不能容有一些代替。

在這幾封信裡，處處流露著這種意義，使讀者最受感動。當我於1931年春天，第一次讀到這一小冊書信時，覺得字字都好似從自己心裡流出來，又流回到自己的心裡，感到一種滿足，一種興奮，禁不住讀完一封信，便翻譯一封，為的是寄給不能讀德文的遠方的朋友。如今已經過了六年，原書不知又重版多少次，而我的譯稿則在行篋內睡了幾年覺，始終沒有印

成書。現在我把它取出來,略加修改付印,仍然是獻給不能讀德文原文的朋友。

關於里爾克的一生和他的著作,不能在這短短的序中有所敘述。去年他去世十周年紀念時,上海的《新詩》月刊第一卷第三期,曾爲他出一特輯,讀者可以參看。他的作品有一部分已由卞之琳、梁宗岱、馮至譯成中文,散見《沉鐘》半月刊、《華胥社論文集》、《新詩》月刊、大公報的《文藝》和《藝術週刊》中。

至於收信人的身世,我知道得很少,大半正如他在〈引言〉上所說的一樣,後來生活把他「趕入了正是這位詩人溫暖、和藹而多情的關懷」所爲他「防護的境地」了。

馮至

1937年5月1日

編輯說明

　　本書注釋包括譯者注以及編者注（來自譯者學生韓耀成以及上海譯文出版社編輯部所加）。編者注已特別注明，其餘皆爲譯者注。

收信人引言

　　1902年的深秋——我在維也納新城陸軍學校的校園內，坐在古老的栗樹下讀著一本書。我讀時是這樣專心，幾乎沒有注意到，那位在我們學校中唯一不是軍官的教授、博學而慈祥的校內牧師荷拉杰克（Horacek）是怎樣走近我的身邊。他從我的手裡取去那本書，看看封面，搖搖頭。「萊內・馬利亞・里爾克（Rainer Maria Rilke）的詩？」他沉思著問。隨後他翻了幾頁，讀了幾行，望著遠方出神，最後才點頭說道：「勒內・里爾克[1]從陸軍學生變成一個詩人了。」

　　於是我知道了一些關於這個瘦弱蒼白的兒童的

1　里爾克少時名勒內（René）。

事。十五年前他的父母希望他將來做軍官,把他送到聖坡爾騰[2]的陸軍初級學校讀書。那時荷拉捷克在那裡當牧師,他還能清清楚楚地想起這個陸軍學生。他說他是一個平靜、嚴肅、天資很高的少年,喜歡寂寞,忍受著宿舍生活的壓抑,四年後跟別的學生一齊升入梅里史‧外司克爾辛[3]的陸軍高級中學。可是他的體格擔受不起,於是他的父母把他從學校裡召回,教他在故鄉布拉格繼續讀書。此後他的生活是怎樣發展,荷拉捷克就不知道了。

　　按照這一切很容易瞭解,這時我立即決定把我的詩的試作寄給萊內‧馬利亞‧里爾克,請他批評。我還沒有滿二十歲,就逼近一種職業的門檻,我正覺得這職業與我的意趣相違,我想,如果向旁人尋求理

2　聖坡爾騰(Sankt-Polten),奧地利古城。(編者注)
3　梅里史‧外司克爾辛(Mahrisch Weisskirchen),位於捷克境內。(編者注)

解，不如向這位《自慶》[4]的作者去尋求了。我無意
中在寄詩時還附加一封信，信上自述是這樣坦白，是
我在這以前和以後從不曾向第二個人表露過的。

幾個星期過去，回信來了。信上印著巴黎的戳
記，握在手裡很沉重；從頭至尾寫著與信封上同樣清
晰美麗而固定的字體。於是我同萊內・馬利亞・里爾
克開始了不斷的通訊，持續到1908年才漸漸稀少，因
為生活把我趕入的正是詩人以溫暖、和藹而多情的關
懷所為我防護的境地。

這些事並不關重要，所重要的是下邊這十封
信，為了理解里爾克所生活所創造的世界是重要的，
為了今日和明天許多生長者和完成者也很重要。一個
偉大的人、曠百世而一遇的人說話的地方，小人物必
須沉默。

4　自慶（*Mir zur Feier*），里爾克早年詩集，1899年出版。

弗蘭斯·薩維爾·卡卜斯[5]

1929年6月，柏林

5　卡卜斯（Franz Xaver Kappus，1883-1966），奧地利軍
　　官，詩人。（編者注）

給青年詩人的信
目次

第一封信

巴黎，1903年2月17日

尊敬的先生：

你的信前幾天才轉到我這裡。我要感謝你信裡博大而親愛的信賴。此外我能做的事很少。我不能評論你的詩藝；因為每個批評的意圖都離我太遠。再沒有比批評的文字那樣同一件藝術品隔膜的了；同時總是演出來較多或較少的湊巧的誤解。一切事物都不是像人們要我們相信的那樣可理解而又說得出的；大多數的事件是不可言傳的，它們完全在一個語言從未達到過的空間；可是比一切更不可言傳的是藝術品，它們是神秘的生存，它們的生命在我們無常的生命之外賡續著。

我既然預先寫出這樣的意見，可是我還得向你說，你的詩沒有自己的特點，自然暗中也靜靜地潛伏著任個性發展的趨勢。我感到這種情形最明顯的是在

最後一首〈我的靈魂〉（Meine Seele）裡，這首詩字
裡行間顯示出一些自己的東西。還有在那首優美的詩
〈給萊奧帕迪[1]〉（An Leopardi）也洋溢著一種同這位
偉大而寂寞的詩人精神上的契合。雖然如此，你的詩
本身還不能算什麼，還不是獨立的，就連那最後的一
首和〈給萊奧帕迪〉也不是。我讀你的詩感到有些不
能明確說出的缺陷，可是你隨詩寄來的親切的信，卻
把這些缺陷無形中向我說明了。

　　你在信裡問你的詩好不好。你問我，你從前也
問過別人。你把它們寄給雜誌，你把你的詩跟別人的
比較；若是某些編輯部退回了你的試作，你就不安。
那麼（因為你允許我向你勸告），我請你，把這一切
放棄吧！你向外看，是你現在最不應該做的事。沒有
人能給你出主意，沒有人能夠幫助你。只有一個唯一

　　1　萊奧帕迪（Giacomo Leopardi，1798-1837），義大利詩人。

的方法，請你走向內心。探索那叫你寫的緣由，考察
它的根是不是盤在你心的深處；你要坦白承認，萬一
你寫不出來，是不是必得因此而死去。這是最重要
的：在你夜深最寂靜的時刻問問自己：我必須寫嗎？
你要在自身內挖掘一個深的答覆。若是這個答覆表示
同意，而你也能夠以一種堅強、單純的「我必須」來
對答那個嚴肅的問題，那麼，你就根據這個需要去建
造你的生活吧；你的生活直到它最尋常最細瑣的時
刻，都必須是這個創造衝動的標誌和證明。然後你接
近自然。你要像一個原人似地練習去說你所見、所體
驗、所愛、以及所遺失的事物。不要寫愛情詩；先要
迴避那些太流行、太普通的形式：它們是最難的；因
為那裡已聚有大量好的或是一部分精美的流傳下來的
作品，從中再表現出自己的特點則需要一種巨大而熟
練的力量。所以你要躲開那些普遍的題材，而歸依於
你自己日常生活呈現給你的事物；你描寫你的悲哀與

願望，流逝的思想與對於某一種美的信念——用深幽、寂靜、謙虛的眞誠描寫這一切，用你周圍的事物、夢中的圖影、回憶中的物件表現自己。如果你覺得你的日常生活很貧乏，不要抱怨它；還是怨你自己吧，怨你還不夠做一個詩人來呼喚生活的寶藏；因爲對於創造者沒有貧乏、也沒有貧瘠且不關痛癢的地方。即使你自己是在一座監獄裡，獄牆使人世間的喧囂和你的官感隔離——你不還永遠據有你的童年嗎，這貴重的富麗的寶藏、回憶的寶庫？你望那方面多多用心吧！試行拾撿起過去久已消沉了的動人的往事；你的個性將漸漸固定，你的寂寞將漸漸擴大，成爲一所朦朧的住室，別人的喧擾只遠遠地從旁走過。——如果從這反思，從這向自己世界的深處產生出「詩」來，你一定不會再想問別人，這是不是好詩。你也不會再嘗試讓雜誌去注意這些作品：因爲你將在作品裡看到你親愛的天然產物，你生活的片段與聲音。一件

藝術品，只要它是從「必要」裡產生的，就是好的。
在它這樣的根源裡就含有對它的評判：別無他途。所
以，令人尊敬的先生，除此以外我也沒有別的勸告：
走向內心，探索你生活發源的深處，在它的發源處你
將會得到問題的答案，是不是「必須」創造。它怎麼
說，你怎麼接受，不必加以說明。它也許告訴你，你
的職責是藝術家。那麼你就接受這個命運，承擔起它
的重負和偉大，不要關心從外邊來的報酬。因為創造
者必須自己是一個完整的世界，在自身和自身所聯接
的自然界裡得到一切。

　　但也許經過一番向自己、向寂寞的探索之後，
你就斷念做一個詩人了（那也夠了，感到自己不寫也
能夠生活時，就可以使我們決然不再去嘗試）；就是
這樣，我向你所請求的反思也不是徒然的。無論如
何，你的生活將從此尋得自己的道路，並且那該是良
好、豐富、廣闊的道路，我所願望於你的比我所能說

出的多得多。

　　我還應該向你說什麼呢？我覺得一切都本其自然；終歸我也只是這樣勸你，靜靜地嚴肅地從你的發展中成長起來；沒有比向外看和從外面等待回答會更嚴重地傷害你的發展了，你要知道，你的問題也許只有你最深的情感在你最微妙的時刻才能回答的。

　　我很高興，在你的信裡見到了荷拉杰克教授的名字；我對於這位親切的學者懷有很大的敬意和多年不變的感激。請你替我向他致意；他至今還記得我，我實在引為榮幸。

　　你盛意寄給我的詩，現奉還。再一次感謝你對我博大與忠誠的信賴；我本來是個陌生人，不能有所幫助，但我要通過這封本著良知寫的忠實的回信，來報答你的信賴於萬一。

以一切的忠誠與關懷：

萊內‧馬利亞‧里爾克

第二封信

比薩（Pisa），危阿雷覺（Viareggio）

（義大利），1903年4月5日

請你原諒我，親愛的、尊敬的先生，我直到今天才感謝地想到你二月二十四日的來信：這段時間我很苦惱，不是病，但是一種如流行性感冒類的衰弱困擾我，做什麼事都沒有力氣。最後，這種現象一點也不變更，我才來到這曾經療養過我一次的南方的海濱。但是我還未康復，寫作還困難，你只得接受這封短信代替我更多的心意。

你自然必須知道，你的每封信永遠都使我歡喜，可是你要寬恕我的回答，它也許對你沒有什麼幫助；因為在根本處，也正是在那最深奧、最重要的事物上我們是無名地孤單；要是一個人能夠對別人有所勸告、甚至幫助時，彼此間必定有許多事情可以實現、完成，一切事物必須有一個完整的安排，才會有

一次的效驗。

今天我只要向你談兩件事：第一是「反諷」
（Ironie）：

你不要讓自己被它支配，尤其是在創造力貧乏
的時刻。在創造力豐富的時候你可以試行運用它，當
作一種方法去理解人生。純潔地用，它就是純潔的，
不必因爲它而感到羞愧。如果你覺得自己同它過於親
密，又怕同它的親密日見增長，那麼你就轉向偉大、
嚴肅的事物吧，在那些事物面前它會變得又渺小又可
憐。尋求事物的深處：在深處反諷是走不下去的，—
—若是你把它引近偉大的邊緣，你應該立即考量這個
理解的方式（反諷）是不是發自你本性的一種需要。
因爲在嚴肅事物的影響下，如果它是偶然發生的，它
會脫離你；如果它眞是天生就屬於你，它就會強固爲
一個嚴正的工具，並列入你創作藝術一些方法的行列
中。

第二件我今天要向你說的事是：

在我所有的書中，只有少數幾本是不能離身的，有兩部書甚至無論我走到哪裡都在我的行囊裡。此刻它們也在我的身邊：一部是《聖經》，一部是丹麥偉大詩人延斯·彼得·雅閣布生[1]的書。我忽然想起，不知你讀過他的著作沒有。這很容易買到，因為有一部分很好的翻譯在雷克拉姆萬有文庫[2]中出版。你去買他的《六篇短篇小說》和他的長篇《尼爾·律內》（*Niels Lyhne*）。你先讀前一本的第一篇〈摩根斯〉（Mogens）。一個世界將會展現在你的面前，一個世界的幸福、豐富、不可捉摸的偉大。請你在這兩本書裡體驗一些時，學你以為值得學的事物，但最重要的

1　雅閣布生（Jens Peter Jacobsen，1847-1885），丹麥小說家、詩人。

2　雷克拉姆萬有文庫（Reclams Universal-Bibliothek），萊比錫雷克拉姆（Reclam）出版社的文學叢書。（編者注）

是你要愛它們。這種愛將爲你得到千千萬萬的回報，並且，無論你的生活取怎樣的途徑，——我確信它將穿過你的成長的絲綸，在你一切經驗、失望與歡悅的線索中成爲最重要的一條。

如果我應該說，我從誰那裡體驗到一些關於創作的本質以及它的深奧與它的永恆的意義，那麼我只能說出兩個名字：一個是雅闊布生，偉大的詩人；一個是奧古斯特·羅丹[3]，那在現存的藝術家中無人能與比擬的雕刻家。

——願你前途一切成功！

你的：

萊內·馬利亞·里爾克

3　羅丹（Auguste Rodin，1840-1917），法國雕刻家；里爾克1902年赴巴黎拜訪羅丹，1906年曾短期任其秘書。

第三封信

比薩，危阿雷覺（義大利），

1903年4月23日

親愛的、尊敬的先生，你復活節的來信給我許多歡喜，因為它告訴我許多關於你的好消息，並且由你對雅闊布生偉大而可愛的藝術所抒發的意見也可以證明，我把你的生活和生活上的許多問題引到這豐富的世界裡來，我並沒有做錯。

現在你該讀《尼爾・律內》了，那是一部壯麗而深刻的書；越讀越好像一切都在書中，從生命最輕妙的芬芳到它沉重的果實的厚味。這裡沒有一件事不能被我們去理解、領會、經驗，以及在回憶的餘韻中親切地認識；沒有一種體驗是過於渺小的，就連很小的事件的開展都像是一個大的運命，並且這運命本身像是一塊奇異、廣大的織物，每條線都被一隻無限溫柔的手引來，排在另一條線的旁邊，千百條互相持

衡。你將要得到首次讀這本書的大幸福，通過無數意料不到的驚奇，彷彿在一個新的夢裡。可是我能夠向你說，往後我們讀這些書時永遠是個驚訝者，它們永不能失去它們的魅力，連它們首次給予讀者的童話的境界也不會消滅。

我們只會在那些書中享受日深，感激日篤，觀察更為明確而單純，對於生的信仰更為深沉，在生活裡也更幸福博大。

往後你要讀那部敘述瑪麗・葛魯伯夫人的運命與渴望的奇書[1]，還有雅闊布生的信箚、日記、片斷，最後還有他的詩（縱使是平庸的德文翻譯），也自有不能磨滅的聲韻（這時我要勸告你，遇機會時可以去買一部雅闊布生的全集，一切都在裡邊。共三冊，譯文很好，萊比錫尤根・迪得利希[2]書店出版，

1　指雅闊布生的長篇小說《瑪麗・葛魯伯夫人》(*Frau Marie Grubbe*)。

每冊據我所知只賣五、六馬克）。

關於那篇非常細膩而精練的短篇小說〈這裡該有薔薇……〉[3]，你對於作序者有不同的意見實在很對。順便我勸你盡可能少讀審美批評的文字，——它們多半是一偏之見，已經枯僵在沒有生命的硬化中，毫無意義；不然就是乖巧的賣弄筆墨，今天這派得勢，明天又是相反的那派。藝術品都是源於無窮的寂寞，沒有比批評更難望其邊際的了。只有愛能夠理解它們，把住它們，認識它們的價值。——面對每篇像這樣的說明、評論或導言，你要相信你自己和你的感覺；萬一你錯誤了，你內在的生命自然的成長會慢慢地使你可以隨時認識你的錯誤，把你引到另外一條路上。讓你的判斷力靜靜地發展，發展跟每個進步一

2　尤根・迪得利希（Eugen Diederichs），德國一家老牌出版社。

3　指德文作品：*"Hier sollten Rosen stehen..."*（編者注）

樣，是深深地從內心出來，既不能強迫，也不能催促。一切都是時至才能產生。讓每個印象與一種情感的萌芽在自身裡、在暗中、在不能言說、不知不覺、個人理解所不能達到的地方完成。以深深的謙虛與忍耐去期待一個新的豁然貫通的時刻——這才是藝術的生活，無論是理解或是創造，都一樣。

你不能計算時間，年月都無效，就是十年有時也等於虛無。藝術家是：不算、不數；只像樹木似地成熟，不勉強擠它的汁液，滿懷信心地立在春日的暴風雨中，也不擔心後邊沒有夏天來到。夏天終歸是會來的，但它只向著忍耐的人們走來；他們在這裡，好像永恆總在他們面前，無憂無慮地寂靜而廣大。我天天學習，在我所感謝的痛苦中學習：「忍耐」是一切！

談到理查·德美爾[4]：他的書（同時也可以說他這個人，我泛泛地認識他），我覺得是這樣，每逢我

讀到他的一頁好詩時，我常常怕讀到第二頁，又把前邊的一切破壞，將可愛之處變得索然無味。你把他的性格刻畫得很對：「情欲地生活，情欲地創作。」——其實藝術家的體驗是如此不可思議地接近於性的體驗，接近它的痛苦與它的快樂，這兩種現象本來只是同一種渴望與幸福的不同的形式。若是可以不說是「情欲」，——而說是「性」，是博大的、純潔的、沒有被教會的謬誤所詆毀的意義中的「性」，那麼他的藝術的重要性或者會很博大而永久。他詩人的力是博大的，堅強似一種原始的衝動，在他自身內有勇往直前的韻律爆發出來，像是從雄渾的山中。

但我覺得，這個力並不永遠是完全直率的，也不無裝腔作態（這對於創造者實在是一個嚴峻的考驗，他必須永遠不曾意識到、不曾預感到他最好的美

4　德美爾（Richard Dehmel，1863-1920）德國詩人，當時享有盛名。

德，如果他要保持住那美德的自然而渾圓的境地）。
現在這個鼓動著他的本性的力，向性的方面進發，但
是它卻沒有找到它所需要的那個純潔的人。那裡沒有
一個成熟而純潔的性的世界，只有一個缺乏廣泛的
「人性」，且只限於「男性」的世界，充滿了情欲、迷
醉與不安，為男人舊日的成見與傲慢的心所累，使愛
失卻了本來的面目。因為他只是作為男人去愛，不是
作為人去愛，所以在他的性的感覺中有一些狹窄、粗
糙、仇恨、無常，沒有永久性的成分存在，也減低了
藝術的價值，使藝術支離晦澀。這樣的藝術不會沒有
污點，它被時代與情欲所渲染，很少能持續存在（多
數的藝術卻都是這樣）。雖然，我們也可以享受其中
一些卓絕的地方，可是不要沉溺失迷，變成德美爾世
界中的信徒。他的世界是這樣無窮地煩惱，充滿了姦
情、迷亂，同真實的運命距離太遠了。真實的運命比
起這些暫時的憂鬱使人擔受更多痛苦，但也給人以更

多的機會走向偉大，更多的勇氣向著永恆。

　　最後關於我的書，我很願意送你一整份你所喜歡的。但我很窮，並且我的書一出版就不屬於我了。我自己沒法買，雖然我常常想贈給能夠對於我的書表示愛好的人們。

　　所以我在另紙上寫給你我最近出版的書名和出版的書局（只限於最近的；若是算上從前的共有十二三種），親愛的先生，我把這書單給你，遇機會時你任意訂購好了。

　　我願意我的書在你的身邊。

　　　　珍重！

　　　　　　　　　　　你的：

　　　　　　　　　　　萊內・馬利亞・里爾克

第四封信

布萊梅，渥卜斯威德（Worpswede）[1]，

1903年7月16日

十天前我又苦惱又疲倦地離開了巴黎，到了一處廣大的北方的平原，它的曠遠、寂靜與天空本應使我恢復健康。可是我卻走入一個雨的季節，直到今天在風勢不定的田野上才閃透出光來；於是我就用這第一瞬間的光明來問候你，親愛的先生。

親愛的卡卜斯先生：我很久沒有答覆你的信，我並沒有忘記它——反而它是常常使我從許多信中揀出來再重讀一遍的，並且在你的信裡我認識的你非常親切。那是你五月二日的信，你一定記得起這封信。我現在在這遠方的無邊寂靜中重讀你的信，你那對於生活的美好的憂慮感動了我，比我在巴黎時已經感到

---

1 德國布萊梅（Bremen）近郊的藝術家居住區。（編者注）

的還深；在巴黎因為過分的喧囂，一切都發出異樣的
聲音，使萬物顫慄。這裡周圍是偉大的田野，從海上
吹來陣陣的風，在這裡我覺得，那些問題與情感在它
們的深處自有它們本來的生命，沒有人能夠給你解
答；因為就是最好的字句也要失去真意，如果它們要
解釋那最輕妙、幾乎不可言說的事物。雖然我相信，
若是你委身於那如同現在使我的眼目為之一新的相似
的事物，你不會永遠得不到解決。若是你依託自然，
依託自然中的單純，依託於那幾乎沒人注意到的渺
小，這渺小會不知不覺地變得龐大而不能測度；若是
你對於微小都懷有這樣的愛，作為一個侍奉者質樸地
去贏得一些好像匱乏的事物的信賴：那麼，一切對於
你就較為輕易、較為一致、較為容易和解了，也許不
是在那驚訝著退卻的理智中，而是在你最深的意識、
覺醒與悟解中得到和解。你是這樣年輕，一切都在開
始，親愛的先生，我要盡我的所能請求你，對於你心

裡一切的疑難要多多忍耐，要去愛這些「問題的本身」，像是愛一間鎖閉了的房屋，或是一本用別種文字寫成的書。現在你不要去追求那些你還不能得到的答案，因為你還不能在生活裡體驗到它們。一切都要親身生活。現在你就在這些問題裡「生活」吧。或者，不知不覺中，漸漸會有那遙遠的一天，你生活到了能解答這些問題的境地。也許你自身內就負有可能性：去組織、去形成一種特別幸福與純潔的生活方式；你要向那方面修養──但是，無論什麼來到，你都要以廣大的信任領受；如果它是從你的意志、從任何一種內身的窘困裡產生的，那麼你要好好地擔負著它，什麼也不要憎惡。──「性」，是很難的。可是我們份內的事都很難；其實一切嚴肅的事都是艱難的，而一切又是嚴肅的。如果你認識了這一層，並且肯這樣從你自身、從你的稟性、從你的經驗、你的童年、你的生命力出發，得到一種完全屬於自己的（不

是被因襲和習俗所影響的）對於「性」的關係，那麼你就不要怕你有所迷惑，或是玷污了你最好的所有。

身體的快感是一種官感的體驗，與淨潔的觀賞或是一個甜美的果實放在我們舌上的淨潔的感覺沒有什麼不同；它是我們所應得的豐富而無窮的經驗，是一種對於世界的領悟，是一切領悟的豐富與光華。我們感受身體的快感並不是壞事；所不好的是：幾乎一切人都錯用了、浪費了這種經驗，把它放在生命疲倦的地方當作刺激，當作疏散，而不當作向著頂點的聚精會神。就是飲食，也有許多人使之失去本意：一方面是「不足」，另一方面是「過度」，都攪混了這個需要的明朗；同樣攪混的，是那些生命藉以自新的一切深刻的、單純的需要。但是一個「個人」能夠把它認清，很清晰地生活（如果因為「個人」是要有條件的，那麼我們就說是「寂寞的人」），他能夠想起，動物和植物中一切的美，就是一種愛與渴望的、靜靜延

續著的形式；他能夠同看植物一樣去看動物，它們忍耐而馴順地結合、增殖、生長，不是由於生理的享樂也不是由於生理的痛苦，只是順從需要，這個需要是要比享樂與痛苦偉大、比意志與抵抗還有力量。啊，人們要更謙虛地去接受、更嚴肅地負擔這充滿於大地一直到極小的物體的神秘，並且去承受和感覺，它是怎樣重大的艱難，不要把它看得過於容易！對於那只有「一個」的果實，不管它是身體的或是精神的，要有敬畏的心；因為精神的創造也是源於生理的創造，同屬於一個本質，並且只像是一種身體快感的更輕妙、更興奮、更有永久性的再現。至於你所說的「那個思想，去當創造者，去生產、去製作」，絕不能缺少他在世界中不斷得到的偉大的證明和實現，也不能缺少從物與動物那裡得來的千應萬諾，──他的享受也是因此才這樣難以形容地美麗而豐富，因為他具有從數百萬製作與生產中遺傳下來的回憶。在一個創造

者的思想裡，會有千百個被人忘記的愛情良宵又重新
甦醒，它們以崇高的情緒填實這個思想。並且那夜間
幽會、結合在狂歡中的愛人們，是在做一種嚴肅的工
作，聚集起無數的溫存，為任何一個將來後起的詩人
的詩歌預備深厚的力量，去說那難於言說的歡樂。他
們把「將來」喚來；縱使他們迷惑，盲目地擁抱，
「將來」終於是要到的。一個新人在生長，這裡完成
一個偶然，在偶然的根處有永恆的規律醒來，一顆富
於抵抗力的種子就以這個規律闖入那對面迎來的卵
球。你不要為表面所誤；在深處一切都成為規律。那
些以此為神秘虛偽而錯誤地去生活的人們（這樣的人
本來很多），只是自己失掉了它，而把它望下傳遞，
像是密封的信件，並不知它的內容。你也不要被名稱
的繁多和事物的複雜所迷惑。超越一切的也許是一個
偉大的「母性」作為共同的渴望。那少女的、一種
「還無所作為」（你這樣說得很好）的本性的美，是它

預感著、準備著、悚懼著、渴望著的母性。母親的美是正在盡職的母性；一個豐富的回憶則存在於老婦的身內。但我以為在男人身內也有母性，無論是身體的或是精神的；他的創造也是一種生產，只要是從最內在的豐滿中創造出來的便是生產。大半兩性間的關係比人們平素所想的更為密切，也許這世界偉大的革新就在於這一點：男人同女人從一切錯誤的感覺與嫌忌裡解放出來，不作為對立面互相尋找，而是彼此如兄妹或鄰居一般，共同以「人」的立場去工作，以便簡捷地、嚴肅而忍耐地負擔那放在他們肩上的艱難的「性」。

凡是將來有一天許多人或能實現的事，現在寂寞的人已經可以起始準備了，用他比較確切的雙手來建造。親愛的先生，所以你要愛你的寂寞，負擔那它以悠揚的怨訴給你引來的痛苦。你說，你身邊的都同你疏遠了，其實這就是你周圍擴大的開始。如果你的

親近都離遠了,那麼你的曠遠已經在星空下開展得很廣大;你要為你的成長歡喜,可是向那裡你不能帶進來一個人,要好好對待那些落在後邊的人們,在他們面前你要穩定自若,不要用你的懷疑苦惱他們,也不要用你的信心或歡悅驚嚇他們,這是他們所不能瞭解的。同他們尋找出一種簡單而誠摯的諧和,這種諧和,任憑你自己將來怎麼轉變,都無須更改;要愛惜他們那種生疏的生活方式,要諒解那些進入老境的人們;他們對於你所信任的孤獨是畏懼的。要避免去給那在父母與子女間常演出的戲劇增加材料;這要費去許多子女的心力,消蝕許多父母的愛;縱使他們的愛不了解我們,究竟是在愛著、溫暖著我們。不要向他們問計,也不要計較了不了解;但要相信那種為你保存下來、像是一份遺產似的愛,你要信任在這愛中自有力量存在,自有一種幸福,無須脫離這個幸福才能擴大你的世界。

　　那很好，你先進入一個職業[2]，它使你成為獨立的人，事事完全由你自己料理。你耐心地等著吧，看你內心的生活是不是由於這職業的形式而受到限制。我認為這職業是很艱難、很不容易應付的，因為它被廣大的習俗所累，並且不容人對於它的問題有個人的意見存在。但是你的寂寞將在這些很生疏的關係中成為你的立足點和家鄉，從這裡出發，你將尋得你一切的道路。

　　我一切的祝願都在陪伴著你，我信任你。

你的：

萊內·馬利亞·里爾克

2　卡卜斯被任命為奧地利軍官。

第五封信

羅馬，1903年10月29日

親愛的，尊敬的先生：

我在佛羅倫斯收到你八月二十九日的信，現在
——兩個月了——我才寫回信告訴你。請你原諒我的
遲延，——我在路上不喜歡寫信，因為我寫信除去必
須的紙筆外還需要：一些幽靜、寂寞和一個不太生疏
的時刻。

我們在六個星期前到了羅馬，那時還是個空
虛、炎熱、時疫流行的羅馬，這種環境又添上許多現
實生活上安排的困難，更助長圍繞我們的不安，簡直
沒有終結，使我們嘗盡了異鄉飄泊的痛苦。更加之
以：羅馬（如果我們還不認識它）在我們到達的頭幾
天眞令人窒悶悲哀：由於它散發出來的死氣沈沈、憂
鬱的博物館的空氣；由於它精華已盡、而又勉強保持
著過去時代的儲存（從中滋養著一個可憐的現在）；

由於這些無名的、被學者和語言學家們所維護、經常
不斷爲義大利旅遊者所效仿的、對於一切改頭換面或
是毀敗了的物品過分的估價，根本這些物品也不過是
另一個時代、另一種生活的偶然的殘餘；這生活已經
不是我們的了，而也不應該是我們的。在日日擔心防
範的幾星期後，雖還有些紛亂，卻終於回到自己的世
界，我們才說：這裡並不比別的地方有更多的美，這
些被世世代代所歡賞的物件，都經過俗手的修補，沒
有意義、無所包含、沒有精神、沒有價值；──但這
裡也自有許多美，因爲無論什麼地方都有它的美。永
遠生動的流水從古老的溝渠流入這座大城，它們在許
多廣場的白石盤上歡舞，散入寬闊的貯水池中，晝間
泠泠有聲，夜晚的聲音更爲清澈，這裡的夜色廣大而
星光燦爛，習習拂著輕風。並且有許多名園，使人難
忘的林蔭路與石階──米開朗基羅[1]所設計的石階，
那是按著流水向下的姿勢建築的石階：寬敞地向下一

層生出一層，像是後浪接著前浪。由於這樣的印象，我們凝聚精神，從那些傲慢的、淘淘不絕的「多數」（那是多麼愛饒舌呀！）回到自身內，慢慢地學習認識「少數」，在少數的事物裡延綿著我們所愛的永恆和我們輕輕地分擔著的寂寞。

現在我還住在城內卡皮托[2]丘上，離那最美的、從羅馬藝術中保存下來的馬克‧奧雷爾[3]騎馬的石像不遠。但是在幾星期後我將遷入一個寂靜而簡單的地方，那是一座老的望樓，深深地消失在一片大園林裡，足以躲避城市的喧囂與紛擾。我將要在那裡住一冬，享受那無邊的寂靜，從這寂靜中我期待著良好而豐盛的時間的贈品……

1　米開朗基羅（Michelangelo，1475-1564），義大利文藝復興時期的雕刻家、畫家兼詩人。

2　卡皮托（Kapitol），羅馬七座山丘中的一座。

3　奧雷爾（Marc Aurel，121-180），羅馬皇帝，著有《隨感錄》流傳後世。

　　到那時我會經常在家，再給你寫較長的信，還要談到關於你信中的事。今天我必得告訴你的是（這已經是不對了，我沒有早一點告訴你），你信中提到的那本書（其中想必有你的作品）並沒有寄到。是不是從渥卜斯威德給你退回去了（因爲包裹不能轉到外國）？退回是最好的，我願意得到證實。但願不要遺失——這在義大利的郵務並不是例外的事——那就可惜。

　　我很願意接到這本書（像是我願意接到你所寫的一切一樣）；還有你最近的詩作（如果你願寄給我），我要永遠盡我的所能誠心地一讀再讀，好好體驗。以眾多的願望和祝福。

　　　　　　　　　　你的：

　　　　　　　　　　萊內・馬利亞・里爾克

第六封信

羅馬，1903年12月23日

我親愛的卡卜斯先生：

　　你不會得不到我的祝願的，如果耶誕節到了，你在這節日中將比往日更深沉地負擔著你的寂寞。若是你覺得它過於廣大，那麼你要因此而歡喜（你問你自己吧），哪有寂寞不是廣大的呢？我們只有「一個」寂寞又巨大又不容易負擔，並且幾乎人人都有這危險的時刻，他們情心願意地把寂寞和任何一種庸俗無聊的社交，與任何一個不相配的人，以勉強和諧的假象去交換……但也許正是這些時候，寂寞在生長；它的生長是痛苦的，像是男孩的發育；是悲哀的，像是春的開始。你不要為此而迷惑。我們最需要的卻只是：寂寞，廣大的內心的寂寞。「走向內心」，長時期不遇一人——這我們必須能夠做到。居於寂寞，像人們在兒童時那樣寂寞：成人們來來往往，跟一些好像很

重要的事務糾纏，大人們是那樣匆忙，可是兒童並不懂得他們做些什麼事。

如果有天我們洞察到他們的事務是貧乏的，他們的職業是枯僵的，跟生命沒有關聯，那麼我們為什麼不從自己世界的深處，從自己寂寞的廣處（這寂寞的本身就是工作、地位、職業），和兒童一樣把它們當作一種生疏的事去觀看呢？為什麼把一個兒童聰明的「不解」拋開，而對於許多事物採取防禦和蔑視的態度呢？「不解」是居於寂寞；防禦與蔑視雖說是要設法和這些事物隔離，同時卻也是和它們發生糾葛了。

親愛的先生，你去思考你自身負擔著的世界；至於怎樣稱呼這思考，那就隨你的心意了。不管是自己童年的回憶，或是對於自己將來的想望，——只是要多加注意從你生命裡出現的事物，要把它放在你周圍所看到的一切之上。你最內心的事物值得你全心全

意地去愛，你必須為它多方工作；並且不要浪費許多
時間和精力去解釋你對於人們的態度。到底誰向你
說，你本來有一個態度呢？——我知道你的職業是枯
燥的，處處和你相違背，我早已看出你的苦惱，我知
道，它將要來了。現在它來了，我不能排解你的苦
惱，我只能勸你去想一想，是不是一切職業都是這
樣，向個人盡是無理的要求、盡是敵意。它同樣也飽
受了許多低聲忍氣，不滿那枯燥的、有職責的人們的
憎惡。你要知道，你現在必須應付的職業並不見得比
旁的職業被什麼習俗、偏見、謬誤呀連累得更厲害；
若是真有些炫耀著一種更大自由的職業，那就不會有
職業在它自身內廣遠而寬闊，和那些從中組成真實生
活的偉大事物相通了。只有寂寞的個人，他跟一個
「物」一樣被放置在深邃的自然規律下，當他走向剛
破曉的早晨，或是向外望著那充滿非常事件的夜晚，
當他感覺到那裡發生什麼事，一切地位便會脫離了

他，像是脫離一個死者，縱使他正處在眞正的生活的
中途。親愛的卡卜斯先生，凡是你現在作軍官所必須
經驗的，你也許在任何一種現有的職業裡都會感到，
甚至縱使你脫離各種職務，獨自向社會尋找一種輕易
而獨立的接觸，這種壓迫之感也不會對你有什麼減
輕。——到處都是一樣：但是這並不足使我們恐懼悲
哀；如果你在人我之間得不到諧和，你就試行與物接
近，它們不會遺棄你；還有夜，還有風——那吹過樹
林、掠過田野的風。在物中間和動物那裡，一切都充
滿了你可以分擔的事；還有兒童，他們同你在兒時所
經驗過的一樣，又悲哀，又幸福，——如果你想起你
的童年，你就又重回那些寂寞的兒童中間了，成人們
是無所謂的，他們的尊嚴沒有價值。

　　若你是因爲對於童年時到處可以出現的神已經
不能信仰，想到童年，想到與它相連的那種單純和寂
靜，而感到苦惱不安，那麼，親愛的卡卜斯先生，你

問一問自己，你是不是真把神失落了？也許正相反，
你從來沒有得到他？什麼時候應該擁有過神呢？你相
信嗎，關於神，一個兒童能夠把住他，成人們只能費
力去負擔他，而他的重量又足以把老人壓倒？你相信
嗎，誰當真有他，又能把他像一塊小石片似的失落？
或者你也不以為嗎，誰有過他，還只能被他丟棄？但
如果你察覺到，他在你的童年不曾存有過，從前也沒
有存在過；如果你覺得基督是被他的渴望所欺，穆罕
默德是被他的驕傲所騙——如果你驚愕地感到，就是
現在，就是我們談他的這個時刻，他也沒有存在——
那麼，什麼給你以權利，覺得缺少這從來不曾有過的
神，彷彿喪失一個亡人，並且尋找他像是找一件遺失
的物品呢？

　　你為什麼不這樣想，想他是將要來到的，他要
從永恆裡降生，是一棵樹上最後的果實，我們不過是
這樹上的樹葉？是誰阻攔你，不讓你把他的誕生放在

將來轉變的時代，不讓你度過你的一生像是度過這偉大的孕期內又痛苦又美麗的一日？你沒有看見嗎，一切發生的事怎麼總是重新開始？那就不能是神的開始嗎？啊，開端的本身永遠是這般美麗！如果他是最完全的，那麼較為微小的事物在他以前就不應該存在，以便他自豐滿與過剩中能夠有所選擇？——他不應該是個最後者，將一切握諸懷抱嗎？若是我們所希求的他早已過去了，那我們還有什麼意義呢？

像是蜜蜂釀蜜那樣，我們從萬物中採擷最甜美的資料來建造我們的神。我們甚至以渺小、沒有光彩的事物開始（只要是由於愛）；我們以工作、繼之以休息，以一種沈默，或是以一種微小的寂寞的歡悅，以我們沒有朋友、沒有同伴，單獨所做的一切來建造他。他，我們並不能看到，正如我們祖先不能看見我們一樣。可是那些久已逝去的人們，依然存在於我們的生命裡，作為我們的稟賦，作為我們命運的負擔，

作為迴圈著的血液，作為從時間深處升發出來的姿態。

現在你所希冀不得的事，將來不會有一天在最遙遠、最終極的神的那裡實現嗎？

親愛的卡卜斯先生，在這虔誠的情感中慶祝你的耶誕節吧！也許神正要用你這生命的恐懼來開始；你過的這幾天也許正是一切在你生命裡為他工作的時期，正如你在兒時已經有一次很辛苦地為他工作過一樣。好好地忍耐，不要沮喪，你想，如果春天要來，大地就使它一點點地完成；我們所能做的最少量的工作，也不會使神的生成比起大地之於春天更為艱難。

祝你快樂，勇敢。

你的：

萊內・馬利亞・里爾克

第七封信

羅馬，1904年5月14日

　　我親愛的卡卜斯先生，自從我接到你上次的來信，已經過了許久。請你不要見怪；先是工作，隨後是事務的干擾，最後是小病，總阻擋著我給你寫回信，因為我給你寫信是要在良好平靜的時刻。現在我覺得好些了（初春的惡劣多變的過渡時期在這裡也使人覺得很不舒適），親愛的卡卜斯先生，我問候你，並且（這是我衷心願做的事）就我所知道的來回答你。

　　你看，我把你的十四行詩抄下來了，因為我覺得它美麗簡練，是在很適當的形式裡產生的。在我所讀到的你的詩中，這是最好的一首。現在我又把它謄抄給你，因我以為能在別人的筆下再度看到自己的作品，是很有意義並且充滿新鮮的體驗。你讀這首詩，像是別人作的，可是你將要在最深處感到它怎樣更是

你的。

　　能時常讀這首十四行詩和你的來信是我的一種快樂；為了這兩件事，我感謝你。

　　在寂寞中你不要彷徨迷惑，因你自身內有一些願望要從這寂寞裡脫身。——也正是這個願望，如果你平靜地、卓越地，像運用一件工具似地去運用它，它就會幫助你把你的寂寞擴展到廣遠的地方。一般人（藉因襲之助）把一切都輕易地去解決，而且是按著輕易中最輕易的方式；但很顯然地，我們必須認定艱難；凡是生存者都認定，自然界中一切都是按照自己的方式生長、防禦、表現出自己，無論如何都要生存、抵抗一切反對的力量。我們知道的很少；但我們必須委身於艱難卻是一件永不會丟開我們的信念。寂寞地生存是好的，因為寂寞是艱難的；只要是艱難的事，就使我們更有理由為它工作。

　　愛，很好；因為愛是艱難的。以人去愛人：這

也許是給與我們的最艱難、最重大的事，是最後的實
驗與考驗、最高的工作，別的工作都不過是為此而做
的準備。所以一切正在開始的青年們還不能愛；他們
必須學習。他們必須用他們整個的生命、用一切的力
量，集聚他們寂寞、痛苦和向上激動的心去學習愛。
可是學習的時期永遠是一個長久的專心致志的時期，
愛就長期深深地侵入生命──寂寞、增強而深入的孤
獨生活，是為了愛著的人。愛的要義並不是什麼傾
心、獻身、與第二者結合（如果是一種不明瞭，無所
成就、不關重要的結合，那該是怎樣的一個結合
呢？），它對於個人是一種崇高的動力，使人成熟，
在自身內有所完成、去完成一個世界，是為了另一個
人完成一個自己的世界。這對於他是一個巨大的、不
讓步的要求，把他選擇出來，向廣遠召喚。青年們應
在把這當作課業去實行的意義中（「晝夜不停地探
索，去錘煉」）使用那給與他們的愛。至於傾心、獻

身，以及一切的結合，都還不是他們的事（他們還須
長時間地節省、聚集），那是最後的終點，也許是人
的生活現在幾乎都還不能達到的境地。

　　但是青年在這方面常常錯得這樣深（因爲在他
們的本性中沒有忍耐），如果愛到了他們身上，他們
便把生命任意拋擲，甚至陷入窒悶、顛倒、紊亂的狀
態：——但之後又該怎樣呢？這支離破碎的聚合（他
們自己叫做結合，還願意稱之爲幸福），還能使生活
有什麼成就嗎？能過得去嗎？他們的將來呢？這其間
每個人都爲了他人失掉自己，同時也失掉他人，更失
掉許多還要來到的人們，失掉許多廣遠與可能性。把
那些輕微、充滿預感的物體的接近與疏遠，改換成一
個日暮窮途的景況，什麼也不能產生；無非是一些厭
惡、失望與貧乏，不得已時便在因襲中尋求補救；大
宗因襲的條例早已準備好了，像避禍亭一般在這危險
的路旁等著。在各種人類的生活中，沒有比愛被因襲

的習俗附飾得更多的了：人們無所不用其極地發明許多救生圈、救生衣、救護船。社會上的理解用各種樣式設下避難所，因為它傾向於把愛的生活也看作是一種娛樂，所以必須輕率地把它變成一種簡易、平穩、毫無險阻的生活，跟一切公開的娛樂一樣。

誠然也有許多青年錯誤地去愛，即隨隨便便地贈與，不能寂寞（一般總是止於這種境地——），他們感到一種失誤的壓迫，要按照他們自己個人的方式使他們已經陷入的境域變得富有生力和成果；——因為他們的天性告訴他們，愛的眾多問題還比不上其他的重要的事體，可以公開地按照這樣或那樣的約定來解決；愛的問題都不過是人與人之間切身的問題，它們需要一個在各種情況下都新鮮、特殊、「只屬於」個人的回答——但，他們已經互相糾纏在一起，再也不能辨別、區分，再也不據自己的所有，又怎麼能夠從他們自身內從這已經埋沒的寂寞的深處尋得一條出路

呢？

　　他們的行為通常都是在無可告援的情勢下產生的，如果他們以最多的意願要躲避那落在他們身上的習俗（譬如說結婚），也還是陷入一種不尋常、但仍同樣死氣沈沈、受限於習俗的解決的網中；因為他們周圍的一切都是──習俗；從一種很早就聚在一起、暗淡的結合中呈現出來的只是種種限於習俗的行動；這樣的紊亂昏迷之所趨的每個關係，都有它的習俗，就連那最不常見的（普通的意義叫做不道德的）也包括在內；是的，甚至連「分離」也幾乎是一種習俗的步驟，是一種非個性的偶然的決斷，沒有力量，也沒有成果。

　　同對於艱難的「死」一樣，誰嚴肅地看，誰就感到，對於這艱難的「愛」還沒有啓蒙，還沒有解決，還沒有什麼指示與道路被認識；並且為了我們蒙蔽著、負擔著、傳遞下去，還沒有顯現的這兩個任

務，也沒有共同的、協議可靠的規律供我們探討。但
是在我們只作為單獨的個人起始練習生活的程度內，
這些偉大的事物將同單獨的個人在更接近的親切中相
遇。艱難的愛的工作對於我們發展過程的要求是無限
的廣大，我們作為信從者對於那些要求還不能勝任。
但是，如果我們堅持忍耐，把愛作為重擔和學業擔在
肩上，而不在任何淺易和輕浮的遊戲中失掉自己（許
多人都是一到他們生存中最嚴肅的嚴肅事物面前，便
隱藏在遊戲的身後）──那麼將來繼我們而至的人們
或許會感到一點微小的進步與輕省；這就夠好了。

可是我們現在正應該對一個單獨的個體和另一
單獨個體的關係，沒有成見、如實地觀察；我們試圖
在這種關係裡生活，之前並沒有前例。可是在時代的
變更中已經有些事，對我們小心翼翼的開端能有所幫
助了。

少女和婦女，在她們自己新近的發展中，只是

暫時成為男人惡習與特性的模仿者、男人職業的重演者。經過這樣不穩定的過程後，事實會告訴我們，婦女只是從那（經常很可笑的）喬裝的成功與變化中走過，以便把她們自己的天性從男性歪曲的影響中洗淨。至於真的生命是更直接、豐富、更親切地在婦女的身內，基本上她們早應該變成比男人更純淨、更人性的人；男人沒有身體的果實，只生活於生活的表面之下，傲慢而急躁，看輕他們要去愛的事物。如果婦女將來把這「只是女性」的習俗從她們外在狀態的轉變中脫去，隨後那從痛苦與壓迫裡產生的婦女的「人性」就要見諸天日了，這是男人現在還沒有感到的，到時他們將從中感受到驚奇和打擊。有一天（現在北歐的國家已經有確切的證明）新的少女來到，而所謂婦女這個名詞，將不只是當作男人的對立體來講，而含有一些獨立的意義，使我們不再想到「補充」與「侷限」，只想到生命與生存──女性。

　　這個進步將要把現在謬誤的愛的生活轉變（雖然違背了落伍的男人們的意志），從根本更改，形成一種人對於人，而不是男人對於女人的關係；並且這更人性的愛（它無限地謹慎而精細，良好而明晰地在結合與解脫中完成），它將要同我們辛辛苦苦預備著的愛相似，它存在於這樣的情況裡：兩個寂寞相愛護，相區分，相敬重。

　　還有，你不要以為，那在你童年曾經有過一次的偉大的愛已經失卻了；你能說嗎，那時並沒有偉大、良好的願望在你的生命裡成熟，讓現在你還從中吸取養分？我相信那個愛是強有力地永在你的回憶中，因為它是你第一次深邃的寂寞，也是你為你生命所做第一次的內心的工作。——祝你一切安好，親愛的卡卜斯先生！

　　　　　　　　你的：

　　　　　　　　萊內・馬利亞・里爾克

十四行詩

我生命裡有一縷陰深的苦惱
顫動，它不歎息，也不抱怨。
我夢裡邊雪一般的花片
是我寂靜的長日的祭禱。

但是大問題梗住我的小道。
我變得渺小而淒涼
像是走過一座湖旁，
我不敢量一量湖水的波濤。

一種悲哀侵襲我，這般愁慘
好似暗淡的夏夜的蒼茫
時時閃露出一點星光；

於是我的雙手向著愛試探，

因為我想祈求那樣的聲調，

我熱烈的口邊還不能找到……

（弗蘭斯·卡卜斯）

第八封信

瑞典，弗拉底的波格比莊園[1]，1904年8月12日

　　親愛的卡卜斯先生，我想再和你談一談，雖然
我幾乎不能對你說一些有所幫助以及用處的話。你有
過多大的悲哀，這些悲哀都已過去了。你說，這悲哀
的過去也使你非常苦惱。但是，請你想一想，是不是
這些巨大的悲哀並不曾由你生命的中心走過？當你悲
哀的時候，是不是在你生命裡並沒有許多變化，在你
本性的任何地方也無所改變？危險而惡劣的是那些悲
哀，我們把它們運送到人群中，以遮蓋它們的聲音；
像是敷敷衍衍治療的病症，只是暫時退卻，過些時又
更可怕地發作；它們聚集在體內，成為一種沒有生活
過、被擯斥、被遺棄的生命，足以使我們死去。如果
我們能比我們平素的知識所能達到的地方看得更遠一

　　1　波格比莊園（Borgeby gard），位於瑞典弗拉底（Fladie）。

點，稍微越過我們預感的前哨，也許我們將會以比擔
當我們的歡悅更大的信賴去擔當我們的悲哀。因為它
們（悲哀）都是那些時刻，正值一些新的、陌生的事
物侵入我們生命之刻；我們的情感蜷伏於怯懦、侷促
的狀態裡，一切都退卻，形成一種寂靜，於是這無人
認識的「新」就立在中間，沈默無語。

　　我相信幾乎我們一切的悲哀都是緊張的瞬間，
這時我們感到麻木，因為我們不再聽到令人詫異的情
感生存。因為我們要同這生疏的闖入者獨自周旋；因
為我們平素所信任的與習慣的，都暫時離開了我們；
因為我們正處在一個不能容我們立足的過程中。可是
一旦這不期而至的新事物邁進我們的生命，走進我們
的心房，在心的最深處化為烏有，溶解在我們的血液
中，悲哀也就因此過去了。我們再也經驗不到當時的
情形。這很容易使我們相信前此並沒有什麼情形發
生；但事實上我們卻是改變了，正如一所房子，走進

一位新客，它改變了。我們不能說，是誰來了，我們望後也許不知道，可是有許多跡象告訴我們，在「未來」還沒有發生之前，它就以這樣的方式潛入我們的生命，以便在我們身內變化。所以我們在悲哀的時刻要安於寂寞，多注意，這是很重要的：因為當我們的「未來」潛入我們的生命的瞬間，好像是空虛而枯僵，但與那從外邊來的、為我們發生的喧囂而意外的時刻相比，是同生命接近得多。我們悲哀時越沉靜、越忍耐、越坦白，這新的事物也就越深、越清晰地走進我們的生命，我們也就得更完好地保護它，它就更加地成為我們自己的命運；將來有一天它「發生」了（就是說：它從我們的生命裡出來向著別人走進），我們將在最內心的地方感到我們同它親切而接近，這是必要的。以此必要，——我們將漸漸地向那方面發展，——凡是迎面而來的事，皆沒有生疏的，都早已屬於我們了。人們已經變換過這麼多運轉的定義，將

來會漸漸認清，我們所謂的命運是從我們「人」裡出來，並不是從外邊向著我們「人」走進。只因為有許多人，當命運在他們身內生存時，他們不曾把它吸收、化為己有，所以他們也認不清，有什麼從他們身內出現；甚至感到如此生疏，他們在倉皇恐懼之際，以為命運一定就是在這時走進他們的生命，因為他們確信自己從來沒有見過這樣類似的事物。正如對於太陽的運轉曾經有過長期的懷惑那樣，現在人們對於未來的運轉，也還在同樣地自欺自蔽。其實「未來」站得很穩，親愛的卡卜斯先生，但是我們轉動在這無窮無盡的空間。

我們怎麼能不感覺困難呢？

如果我們再談到寂寞，那就會更明顯，它根本不是我們所能選擇或棄捨的事物。我們都是寂寞的。人能夠自欺，讓自己好像並不寂寞。只不過如此而已。但是，如果我們能看出，我們都正在脫開這欺騙

的局面，在其間我們自然要發生眩昏，那該有多麼好呢？因爲平素我們的眼睛看慣了的一切，這時都忽然失去，再也沒有親近的事物，一切的遠方都是無窮的曠遠。誰從他的屋內沒有準備，沒有過程，就忽然被移置在一脈高山的頂上，他必會有類似的感覺：一種無與倫比的不安被交付給無名的事物，幾乎要把他毀滅。他或許想像自己會跌落，或者相信自己會被拋擲在天空，或者粉身碎骨；他的頭腦必須發現這多麼大的謊話，去補救、去說明他官感失迷的狀態。一切的距離與尺度對於那寂寞的人就有了變化；從這些變化中忽然又會有許多變化發生。跟在山頂上的那個人一樣，生出許多非常的想像與稀奇的感覺，它們好像超越了一切能夠擔當的事體。但那是必要的，我們也體驗這種情況。我們必須盡量廣闊地承受我們的生存；一切，甚至聞所未聞的事物，都可能在裡邊存在。那根本就是我們被要求的唯一的勇氣；勇敢地面向我們

所能遇到的最稀奇、最吃驚、最不可解的事物。就因
為許多人在這意義中是怯懦的，所以使生活受了無限
的損傷；人們稱作「奇象」的那些體驗、所謂「幽靈
世界」、死，以及一切與之相關聯的事物，它們都被
我們日常的防禦擠出生活之外，甚至我們能夠接受它
們的感官都枯萎了。關於「神」，簡直就不能談論
了。但是對於不可解的事物的恐懼，不僅使個人的生
存更為貧乏，並且人與人的關係也因之受到限制，其
狀態正如從有無限可能性的河床裡撈出來，放在一塊
荒蕪不毛的岸上。因為這不僅是一種惰性，使人間的
關係極為單調而陳腐地把舊事一再重演，也是對於任
何一種不能預測、不堪勝任的新的生活的畏縮。但是
如果有人對於一切有了準備，無論什麼，甚至最大的
啞謎，也不置之度外，那麼他就會把同別人的關係，
當作生動的事物去體驗，甚至充分理解自己的存在。
如果我們把個人的存在看成一塊較大或較小的空間，

65

那麼大部分人則只認識了他們空間的一角、一塊窗前的空地，或是他們走來走去的一條窄道。這樣他們就有一定的安定。可是那令人感到危險的不安定是更人性的，它能促使愛倫坡[2]故事裡的囚犯摸索他們可怕的牢獄的形狀，而熟悉他們住處內不可言喻的恐怖。但我們不是囚犯，沒有人在我們周圍佈置了陷阱，沒有什麼來恐嚇我們，苦惱我們。我們在生活中像是在最適合於我們的元素裡，況且我們經過幾千年之久的適應和生活是這樣地相似了，如果我們靜止不動，憑藉一種成功的模擬，便很難同我們周圍的一切有所區分。我們沒有理由不信任我們的世界，因為它並不與我們敵對。如果它有恐懼，那就是我們的恐懼；它有

2 　愛倫坡（Edgar Allan Poe，1809-1849），美國小說家，詩人，以描寫神秘恐怖故事知名。這裡指的是他的一篇小說《深坑和鐘擺》（*The Pit and the Pendulum*），描述一個被判處死刑的人在黑暗的牢獄裡摸索牆壁、猜度牢獄形狀的恐怖情況。

難測的深淵，那深淵也是屬於我們的；它有危險，我
們就必須試行去愛這些危險。若是我們把我們的生
活，按照那叫我們必須永遠把握的艱難的原則來處
理，那麼現在最生疏的事物就會變得最親切、最忠實
了。我們怎麼能忘卻那各民族原始時即出現的神話
呢！惡龍在最緊急的瞬間變成公主的那段神話；也許
我們生活中一切的惡龍都是公主的化身，她們只是等
候著，美麗而勇敢地看一看我們。也許一切恐怖的事
物在最深處是無助的，向我們要求救助。

　　親愛的卡卜斯先生，如果有一種悲哀在你面前
出現，它是從未見過的那樣廣大，如果有一種不安，
像光與雲影似地掠過你的行為與一切工作，你不要恐
懼。你必須想，那是有些事在你身邊發生了；那是生
活沒有忘記你，它把你握在手中，它永不會讓你失
落。為什麼你要把一種不安、一種痛苦、一種憂鬱置
於你的生活之外呢？而你還不知道，這些情況在為你

做什麼工作？爲什麼你要這樣追問，這一切是從哪裡來，要向哪裡去呢？你可要知道，你是在過渡中，要願望自己有所變化。如果你的過程裡有一些是病態的，你要想一想，病就是一種方法，使有機體用以從生疏的事物中解放出來；所以我們只須讓它生病，使它整個病發，因爲這才是進步。親愛的卡卜斯先生，現在你自身內有這麼多的事發生，你要像一個病人似地忍耐，又要像一個康復者般自信；你也許得同時是這兩個人。並且你還須是看護自己的醫生。但是在病中常常有許多天，醫生除了等候以外，什麼事也不能做。這就是你此刻（身爲你自己的醫生時）首先必須做的事。

　　對於自己不要過甚地觀察。不要從發生在你身上的事物中求得迅速的結論，讓它們單純地自生自長吧！不然你就很容易用種種（所謂道德的）譴責回顧你的過去，這些過去自然和你現在遇到的一切很有關

係。凡是從你童年的迷途、願望、渴望中留下，在你
身內繼續影響著你的事，它們並不讓你回憶、供你評
判。一個寂寞而孤單的童年處於非常的情況時，是這
樣艱難、這樣複雜，受到這麼多外來的影響，同時又
脫開了一切現實生活的關聯，縱使在童年有罪惡，我
們也不該簡捷了當地稱作罪惡。對於許多名稱，必須
多加注意；常常只是犯罪的名稱使生命為之破碎，而
不是那無名地、個人的行為本身，至於這個行為也許
是生活中規定的必要，能被生活輕易接受的。因為你
把勝利估量得過高，所以你覺得力的消耗如此巨大；
勝利並不是你認為已經完成的「偉大」，縱使你覺得
正確；「偉大」是你能以一些真的、實在的事物代替
欺騙；否則你的勝利也不過是一種道德上的反應，沒
有廣大的意義，但是它卻成為你生活的一個段落。親
愛的卡卜斯先生，關於你的生活，我有許多的願望。
你還記得嗎，這個生活是怎樣從童年裡出來，向著

「偉大」渴望？我觀看著，它現在又從這些偉大前進，渴望更偉大的事物。所以艱難的生活永無止境，但因此生長也無止境。

如果我還應該向你說一件事，那麼就是：你不要相信，那試行勸慰你的人是無憂無慮地生活在那些有時對你有益的、簡單而平靜的幾句話裡。他的生活仍有許多的辛苦與悲哀，他遠遠地專程幫助你。不然，他就絕不能找到那幾句話。

你的：

萊內‧馬利亞‧里爾克

第九封信

瑞典，央思雷德（Jonsered），弗盧堡（Fruburg）[1]，

1904年11月4日

我親愛的卡卜斯先生：

在這沒有通信的時期內，我一半是在旅途上，一半是事務匆忙，使我不能寫信。今天的我寫信也是困難的，因爲我已經寫了許多封，手都疲倦了。若是我能以口述給旁人寫，我還能向你說許多，可是現在你只好接受這寥寥幾行來報答你的長信。

親愛的卡卜斯先生，我常常思念你，並且以這樣專程的願望想起你，總要對你有所幫助。但是我的信到底能不能幫助你，我卻常常懷疑。你不要說：它們是能夠幫助你的，你只要安心接受這些信吧！不必說感謝的話，讓我們等著，看將會有什麼事情來到。現在我若對

1　弗盧堡（Fruburg），瑞典城市Jonsered 的一個地方。（編者注）

於你信裡個別的字句加以探討，大半是沒有用的；因為
關於你疑惑的傾向，關於你內外生活的難以和諧，關於
另外苦惱著你的一切：──我所能說的還依然是我已經
說過的話：還是願你自己有充分的忍耐去擔當，有充分
單純的心去信仰；你將越來越信任艱難的事物和你在眾
人中間感到的寂寞。此外就是讓生活自然進展。請你相
信：無論如何，生活是合理的。

　　談到情感：凡是使你集中向上的情感都是純潔
的；但那只捉住你本性的一面，對你有所傷害的情感
是不純潔的。凡是在你童年能想到的事都是好的。凡
能夠使你比你從前最美好的時刻還更豐富的，都是對
的。各種提高都是好的，如果它是在你「全」血液
中，如果它不是迷醉，不是憂鬱，而是透明到底的歡
悅。你瞭解我的意思嗎？

　　就連你的懷疑也可以成為一種好的特性，若你
好好「培養」它。它必須成為明智的，它必須成為批

判。——當它要以一些事物傷害你時，你要問它，這些事物「為什麼」醜惡，向它要求證據，考問它；你也許見它倉皇失措，也許見它表示異議，但你不要讓步，你同它辯論，每一回都要多多注意，立定腳步，終有一天它會從一個破壞者變成你一個最好的工作者，——或許在一切從事於建設你生活的工作者中，它是最聰明的一個。

親愛的卡卜斯先生，這是我今天所能向你說的一切。附寄給你一篇我的短篇作品[2]的抽印本，這是在布拉格出版的《德意志工作》[3]中發表的。在那裡我繼續同你談生和死，以及它們的偉大與美麗。

你的：

萊內·馬利亞·里爾克

2　指散文詩《旗手克里斯多夫·里爾克的愛與死之歌》（*Die Weise von Liebe und Tod des Cornets Christoph Rilke*）。

3　指德文本：*"Deutschen Arbeit"*。

第十封信

巴黎，1908年耶誕節第二日

　　親愛的卡卜斯先生，你該知道，我接到你這封美好的信，是多麼歡喜。你捎來給我的消息真實、誠摯，又像你從前那樣，我覺得很好，越思索越感到那實在是好的消息。我本來想在耶誕節的晚間給你寫信，但是這一冬我多方從事沒有間斷的工作，這古老的節日是這樣快地走來了，使我沒有時間去做我必須處理的事，更少寫信。

　　但是在節日裡我常常思念你，我設想你是怎樣寂靜地在你寂寞的軍壘中生活，兩旁是空曠的高山，大風從南方襲來，好似要把這些山群整塊地吞了下去。

　　這種寂靜必須是廣大無邊，好容許這樣的風聲風勢得以馳騁，如果我想到，更加上那遼遠的海也在你面前同時共奏，像是太古的諧音中最深處的旋律，

那麼我就希望你能忠實地、忍耐地讓這大規模的寂寞
在你身上工作，它不再能從你的生命中消滅；在一切
你要去生活、要去從事的事物中，它永遠賡續著，像
是一種無名的勢力，並且將確切地影響你，有如祖先
的血在我們身內不斷地流動，和我們自己的血混爲唯
一的、絕無僅有的一體，在我們生命中的無論哪一個
轉折。

　　是的：我很歡喜，你據有這個固定的、可以言
傳的存在，有職稱，有制服，有任務，有一切把得
定、範圍得住的事物。它們在這同樣孤立而人數不多
的軍隊環境中，接受嚴肅與必要的工作；它們超越軍
隊職業與遊戲與消遣，意味著一種警醒的運用；它們
不僅容許，而且正好培養自主的注意力。我們要在那
些爲我們工作、時時置我們於偉大而自然的事物面前
生活，這是必要的一切。

　　藝術也是一種生活方式，無論我們怎樣生活，

都能不知不覺地爲它準備；每個眞實的生活都比那些虛假的、以藝術爲號召的職業跟藝術更爲接近，它們炫耀一種近似的藝術，實際上卻否定、損傷了藝術的存在，如整個的報章文字、幾乎所有的批評界、四分之三號稱文學和要號稱文學的作品，都是這樣。簡捷地說，我很高興你雖經受了易於陷入的危險，仍寂寞而勇敢地生活在任何一處無情的現實中。即將來到的一年會使你在這樣的生活裡更爲堅定。

　　永遠

　　　　　你的：

　　　　　　萊內・馬利亞・里爾克

附錄：
里爾克的詩

秋日

主啊，是時候了。夏日曾經很盛大。
把你的陰影落在日晷上，
讓秋風刮過田野。

讓最後的果實長得豐滿，
再給它們兩日南方的氣候，
迫使它們成熟，
把最後的甘甜釀入濃酒。

誰這時沒有房屋，就不必再築，
誰這時孤獨，就永遠孤獨，
就醒著，讀著，寫著長信，
在林蔭道上來回

不安地遊蕩，當落葉紛飛。

　　　　　　　　1902年，巴黎

豹──在巴黎植物園

牠的目光被那走不完的鐵欄

纏得這般疲倦，什麼也不能收留。

牠好像只有千條的鐵欄杆，

千條的鐵欄後便沒有宇宙。

強韌的腳步邁著柔軟的步容，

步容在這極小的圈中旋轉，

彷彿力之舞圍繞著一個中心，

在中心一個偉大的意志昏眩。

只有時眼簾無聲地撩起──

於是有一幅圖像浸入，

通過肢體緊張的靜寂——

在心中化爲烏有。

1903年，巴黎

PIETÀ[1]

耶穌，我又看見你的雙足，

當年一個青年的雙足，

我戰戰兢兢爲你脫下鞋來洗濯；

你的足在我的髮裡不知所措[2]

像荊棘叢中一隻白色的野獸。

我看見你從未愛過的肢體

頭一次在這愛情的夜裡。

我們從來還不曾躺在一起，

1　在西方雕刻繪畫中表現耶穌死後，他的母親馬利亞十分悲
　　痛的情景，叫做PIETÀ（義大利語，有悲憫、虔誠的含
　　義）。這類作品除馬利亞和已死的耶穌外，有時還有其他的
　　人，其中最常見的是馬利亞·馬格達雷娜（《新約》中譯本
　　譯爲「抹大拉的瑪利亞」）。這首詩寫的是馬利亞·馬格達
　　雷娜對耶穌的熱愛。

現在只是被人驚奇，監視。

可是看啊，你的手都已撕裂——
愛人，不是我咬的，不是我。
你心房洞開，人們能夠走入：
這本應該只是我的入口。

現在你疲倦了，你疲倦的嘴
無意於吻我苦痛的嘴——
啊，耶穌，何曾有過我們的時辰？

---

2 關於馬利亞‧馬格達雷娜（「抹大拉的馬利亞」）的故事，
《新約》福音書中多有記述。她曾被惡鬼所附，並爲疾病困
擾，耶穌不但驅走了她身上的七個魔鬼，還治好了她的
病。她的眼淚潤濕了耶穌的雙腳，就用自己的頭髮將之擦
乾，用嘴連連親他的腳，並抹上名貴的香膏。抹大拉的馬
利亞此後追隨耶穌，成了一名虔誠的女信徒，耶穌殉難
時，她是在場的人之一，同時又是耶穌復活的見證人。
（編者注）

我二人放射著異彩沉淪。

1906年，巴黎

一個婦女的命運

像是國王在獵場上拿起來的
一個酒杯，任何一個酒杯傾飲——
又像是隨後那酒杯的主人
把它放開，收藏，好似它並不存在。

命運也焦渴，也許有時拿動
一個女人在它的口邊喝，
隨即一個渺小的生活
怕損壞了她，再也不使用她，

放她在小心翼翼的玻璃櫥，
在櫥內有它許多的珍貴

（或是那些被視為貴重的事物）

她生疏地在那裡像被人借去

簡直變成了衰老，盲瞶，

再也不珍貴，也永不稀奇。

1906年，巴黎

愛的歌曲

我怎麼能制止我的靈魂，讓它

不向你的靈魂接觸？我怎能讓它

越過你向著其他的事物？

啊，我多麼願意把它安放

在陰暗的任何一個遺忘處，

在一個生疏的寂靜的地方，

那裡不再波動，如果你的深心動蕩。

可是一切啊，凡是觸動你的和我的，

好像拉琴弓把我們拉在一起，

從兩根弦裡發出「一個」聲響。

我們被拉在什麼樣的樂器上？

什麼樣的琴手把我們握在手裡？

啊，甜美的歌曲。

---

* 卡普里（Capri），義大利海島。（編者注）

1907年，卡普里*

總是一再地……

總是一再地，雖然我們認識愛的風景，

認識教堂小墓場刻著它哀悼的名姓，

還有山谷盡頭沉默可怕的峽谷；

我們總是一再地兩個人走出去

走到古老的樹下，我們總是一再地

仰對著天空，臥在花叢裡。

1914年

啊，朋友們，
這並不是新鮮……

啊，朋友們，這並不是新鮮

機械排擠掉我們的手腕。

你們不要讓這些過渡迷惑[1]，

讚美「新」的人，不久便沉默。

因爲全宇宙比一根電纜、

一座高樓，更是新穎無限。

看哪，星辰都是一團舊火，

但是更新的火卻在消沒。

不要相信，那最長的傳遞線

1　係指機械排擠手工的轉變。（編者注）

已經轉動著來日的輪旋

因爲永劫同著永劫交談。

眞正發生的，多於我們的經驗。

將來會捉取最遼遠的事體

和我們內心的嚴肅融在一起。

1922年，米索[2]

<hr />

2　米索（Château de Muzot），瑞士Sierre附近的城堡。（編者
　注）

奧爾弗斯*

只有誰在陰影內

也曾奏起琴聲，

他才能以感應

傳送無窮的讚美。

只有誰曾伴著死者

嘗過他們的罌粟，

那最微妙的音素

---

* Orpheus，古希臘傳說中的歌手，他的歌唱和琴聲能感化木
石禽獸。陰間的女神也被他的音樂感動，允許他死去的妻
子重返人世，但約定在回到人世的途中，奧爾弗斯不許回
顧他的妻子。但奧爾弗斯沒有遵守諾言，他在半路回頭望
了他的妻子，因此他的妻又被護送他們的使者帶回陰間去
了。這首詩和後面的〈縱使這世界轉變……〉都選自《致
奧爾弗斯的十四行》。

他再不會失落。

倒影在池塘裡
也許常模糊不清：
記住這形象。

在陰陽交錯的境域
有些聲音才能
永久而和暢。

　　　　　　　　　　　1922年，米索

縱使這世界轉變……

縱使這世界轉變

雲體一般地迅速，

一切完成的事件

歸根都回到太古。

超乎轉變和前進之上，

你歌曲前的樂音

更廣闊更自由地飄揚，

神彈祂的琴。

苦難沒有認清，

愛也沒有學成，

遠遠在死鄉的事物

沒有揭開了面幕。
唯有大地上的歌聲
在頌揚，在慶祝。

1922年，米索

啊，詩人，
你說，你做什麼……

啊，詩人，你說，你做什麼？——我讚美。

但是那死亡和奇詭

你怎樣擔當，怎樣承受？——我讚美。

但是那無名的、失名的事物，

詩人，你到底怎樣呼喚？——我讚美。

你何處得的權利，在每樣衣冠內，

在每個面具下都是眞實？——我讚美。

怎麼狂暴和寂靜都像風雷

與星光似地認識你？——因爲我讚美。

1921年，米索

致奧爾弗斯的十四行
（選譯）

上卷第十七首*

最底層的始祖，模糊難辨，

那築造一切的根源，

他們從來沒有看見

地下隱藏的源泉。

衝鋒鋼盔和獵人的號角，

---

* 　在歐洲，一個家族的世系常用樹形標誌，稱爲世系樹。始
祖是最下層的樹根，繁衍的子孫是樹幹上生長的枝條。作
者用這個圖像，表示他對於一個家族演變的看法。始祖年
代久遠，無從查考。他的後代有戰士，有獵夫，老人留下
經驗之談，同族間也常發生紛爭，婦女則像是琵琶，彈奏
時發出悅耳的聲音。子孫後代如錯綜交叉的枝條，互相牽
制，不得自由發展。但是有一枝不斷向上伸長，最後自身
編成一座古琴。「古琴」象徵文藝。「古琴」原文爲
Leier，這個詞在詩集中經常出現，它是奧爾弗斯使用的樂
器。

白髮老人的格言，

男人們兄弟交惡，

婦女像琵琶輕彈⋯⋯

樹枝與樹枝交錯，

沒有一枝自由伸長⋯⋯

有一枝！啊，向上⋯⋯向上⋯⋯

但它們還在彎折。

這高枝卻在樹頂上

彎曲成古琴一座。

上卷第二十首*

主啊，你說，我該用什麼向你奉獻，

你教導萬物善於聽取？

我回憶春季的一天

一個晚間，在俄國──駿馬一匹……

---

* 作者在詩裡呼喚的「主」，不是基督教的上帝，而是用歌聲
琴聲感動禽獸木石、超越生死界限的奧爾弗斯。這首詩主
要是一匹馬的奔騰給作者留下永不磨滅的印象。里爾克曾
於1900年五月至八月偕同露・沙羅美（Lou Salomé）第二
次訪問俄國。他在1922年二月十一日寫給露・沙羅美的信
裡說：「……那匹馬，你知道，那自由的、幸福的馬，腳
上戴著木樁，有一次傍晚自伏爾加草原上飛跑著向我們奔
來──我是怎樣把它當作給奧爾弗斯的一件Ex voto（供
品）！什麼是時間？什麼時候是現在？過了這麼多年它向
我躍來，以它全身的幸福投入廣闊無邊的感覺。」從信裡
可以看出，作者寫這首詩時還真實地感受到二十多年前那
匹白馬在曠野上的馳騁。原詩沒有遵守十四行的限制，多
了半行，譯詩也按照了原詩的形式。

這白馬獨自從村裡奔來，

前蹄的上端綁著木樁，

爲了夜裡在草原上獨自存在；

牠捲曲的鬣毛在脖頸上

怎樣拍擊著縱情的節拍，

牠被木樁拖絆著馳騁，

駿馬的血泉怎樣噴射！

牠感到曠遠，這當然！

牠唱，牠聽，——你的全部傳奇

都包括在牠的身內。

　　　牠這圖像：我奉獻。

上卷第二十一首*

春天回來了。大地

像個女孩讀過許多詩篇；

許多，啊，許多……她得到獎勵

爲了長期學習的辛酸。

她的教師嚴厲。我們曾喜歡

那老人鬍鬚上的白花。

---

* 作者原注：「這首短小的春歌我可以說是對於一段奇特的
舞蹈音樂的解釋，這是我在郎達（西班牙南部）一座小的
修女堂裡早晨做彌撒時從修道院學童那裡聽到的。學童們
總是按照舞蹈的節拍手持三角鐵和鈴鼓唱著我不懂得的歌
曲。」（里爾克曾於1912年十二月至次年二月旅居郎達。）
這首詩裡把春天回來後的大地比作一個勤學的女孩，她在
學校裡辛苦的學習正如大地經歷了冬天。最後兩行的根和
幹，語義雙關，即指經冬的樹根和樹幹，也指枯燥的語法
書中的詞根和詞幹。

如今，什麼叫綠，什麼叫藍，
我們問：她能，她能回答！

大地有了自由，你，幸福的大地，
就跟孩子們遊戲。我們要捉你，
快樂的大地。最快活的孩子勝利。

啊，教師教給她多種多樣，
在根和長期困苦的幹上
刻印著：她唱，她歌唱！

下卷第四首*

這是那個獸，牠不曾有過，
他們不知道它，卻總是愛——
愛牠的行動，牠的姿態，牠的長脖，
直到那寂靜目光中的光彩。

牠誠然並不存在，卻因為愛牠，就成為
一隻純淨的獸。他們把空間永遠拋掉。

---

* 獨角獸在歐洲的傳說中，有如中國的麒麟。麒麟象徵祥
瑞，獨角獸象徵少女的貞潔。作者原注：「獨角獸有古老
的、在中世紀不斷被讚頌的少女貞潔的含義：所以被認
為，這個不存在者對於人世間只要牠出現，就照映在少女
給牠舉著的銀鏡中（見十五世紀的壁毯）和少女的身內，
這化為一面第二個同樣淨潔、同樣神秘的鏡子。」這裡所
說的「十五世紀的壁毯」系指法國克呂尼博物館陳列的六
幅壁毯，總題《少女與獨角獸》，里爾克對此很感興趣，在
他的長篇小說《布里格隨筆》裡作過細緻的描述。

可是在那透明、節省下來的空間內
牠輕輕地抬起頭，牠幾乎不需要

存在。他們飼養牠不用穀粒，
只要永遠用牠存在的可能。
這可能給這獸如此大的強力，

致使牠有一隻角生在牠的額頂。
牠全身潔白向一個少女走來——
照映在銀鏡裡和她的胸懷。

下卷第六首*

玫瑰，你端居首位，對於古人
你是個周緣單薄的花萼。
對於我們，你的生存無窮無盡，
卻是豐滿多瓣的花朵。

---

* 玫瑰在里爾克的創作裡占有重要地位，他認爲玫瑰是花中
最高貴的。可是在古代玫瑰單薄樸素，作者原注：「古代
的玫瑰是一種簡單的Eglantine（野玫瑰），紅的和黃的，像
在火焰中的顏色。在瓦利斯，它盛開在各別花園內。」
詩的第二節寫玫瑰自身含有矛盾：多層的花瓣既像重重衣
裹，又像是拒絕衣裳，因爲花瓣也屬於花的身體。里爾克
的詩裡常常闡述與之相類似的矛盾。
最後兩節認爲最美的事物如玫瑰的芳香難以命名，像是榮
譽在空中不可言傳。這不禁使人想起莎士比亞《羅密歐與
茱麗葉》（曹禺譯）第二幕第二景中的名句：「姓名又算什
麼？我們叫做玫瑰的，不叫它玫瑰，聞著不也一樣的甜
嗎？」

你富有，你好像重重衣裹，
裹著一個身體只是裹著光；
你的各個花瓣同時在躲
在摒棄每件的衣裳。

你的芳香幾世紀以來
給我們喚來最甜的名稱；
忽然它像是榮譽停在天空。

可是我們不會稱呼它，我們猜……
我們從可以呼喚來的時間
求得回憶，回憶轉到它的身邊。

下卷第八首——懷念艾貢·封·里爾克[*]

你們少數往日童年的遊伴

在城市內散在各處的公園：

我們怎樣遇合，又羞澀地情投意滿，

像羊身上說話的紙片。

我們沉默交談。我們若有一次喜歡，

這喜歡屬於誰？是誰的所有？

---

[*] 艾貢（Egon von Rilke，1873-80）是里爾克的堂兄，童年
夭折，里爾克常常思念他。作者在這首詩裡寫他童年時的
經驗。遊戲的伴侶們互相遇合，相對無言，但都感到高
興，外界的事物對他們都是生疏的，好像與他們無關。只
有他們遊戲時拋擲的球是真實的，形成弧形，而他們中間
的一個在球在正在降落時消逝了。
關於第一節第四行中「說話的紙片」，作者原注解釋：「羊
（在繪畫上）只借助於銘語帶說話。」中世紀的繪畫在人物
或生物旁常附有文字說明，成為銘語帶。

它怎樣消失在過往行人的中間，
消逝在長年的害怕擔憂。

車輛駛過我們周圍，漠不關情，
房屋堅固地圍繞我們，卻是幻境，
什麼也不認識我們，萬物中什麼是眞實？

沒有。只有球體，它們壯麗的弧形。
也沒有孩童……但有時走來一個兒童，
啊，他在正在降落的球下消逝。

下卷第十九首*

黃金住在任何一處驕縱的銀行裡，

它跟千萬人交往親密。可是那個

盲目的乞丐，甚至對於十分的銅幣

都像失落的地方，如櫥櫃下塵封的角落。

在沿街的商店，金錢像是在家裡，

它以絲綢、石竹花、毛皮喬裝打扮。

金錢醒著或是睡著都在呼吸，

---

* 貧窮與困苦，在里爾克的詩歌和散文裡常常讀到。在《祈
禱書》、《圖像書》、《馬爾特·勞力茲·布里格隨筆》以
及後期某些作品中，有些篇章和段落不僅描述、而且有時
還讚頌貧苦。里爾克觀看他那時代的社會，金錢統治一
切，產生許多罪惡，因而對於貧窮和困苦有些聖潔之感。
所以他說，歌唱者能為貧困代言，有神性的人能聽到歌
唱。

他，一位沉默者，卻站在呼吸喘息的瞬間。

啊，這永遠張開的手，怎能在夜裡合攏。
明天命運又來找出這手，日日要它伸出來：
明亮，困苦，無窮無盡地承受摧殘。

一個旁觀者最後驚訝地理解還稱讚
它長久的持續。只是歌唱者能陳述。
只是神性者能聽見。

下卷第二十五首*

聽，你已經聽到最初的耙子

在工作；早春強硬的地上

在屏息無聲的寂靜裡

又有人的節拍。你好像從未品嘗

即將到來的時日。如此常常

已經來過的如今回來，又像是

新鮮的事物。永遠在盼望，

---

* 這首詩直接描述作者在初春時的感受。春天每年都會來
的，但是每次春天到來，人們都覺得新鮮，好像過去從不
曾來過。橡樹的樹葉沒有完全凋落，但已有褐色的嫩芽。
這裡以及第四節的前兩行都是用顏色形容初春的景色。最
後一行的「時辰」是比擬一個女性，她走過去，不是變
老，而是變得更年輕。作者原注：這首詩是「上卷第二十
一首學童們短小的春歌的對歌」。

你從來搆不著它。它卻攫住了你。

甚至經冬橡樹的枯葉
傍晚顯出一種未來的褐色。
微風時常傳送一個信號。

灌木叢發黑，可是成堆的肥料
堆積在窪地上是更飽滿的黑色
每個時辰走過去，變得更年少。

給青年人的信

給青年詩人的信

2004年9月初版　　　　　　　　　　　　　　定價：新臺幣180元
2024年5月初版第四刷
有著作權‧翻印必究
Printed in Taiwan.

著　　　者	Rainer Maria Rilke	
譯　　　者	馮	至
叢書主編	邱　靖	絨
校　　　對	陳　奕	文
封面設計	翁　國	鈞

出　版　者	聯經出版事業股份有限公司	副總編輯	陳　逸	華
地　　　址	新北市汐止區大同路一段369號1樓	總編輯	涂　豐	恩
叢書主編電話	(02)86925588轉5305	總經理	陳　芝	宇
台北聯經書房	台北市新生南路三段94號	社　長	羅　國	俊
電　　　話	(02)23620308	發行人	林　載	爵
郵政劃撥帳戶第0100559-3號				
郵撥電話	(02)23620308			
印　刷　者	世和印製企業有限公司			
總　經　銷	聯合發行股份有限公司			
發　行　所	新北市新店區寶橋路235巷6弄6號2F			
電話	(02)29178022			

行政院新聞局出版事業登記證局版臺業字第0130號

本書如有缺頁，破損，倒裝請寄回台北聯經書房更換。　　ISBN　978-957-08-2757-6 (精裝)
聯經網址 http://www.linkingbooks.com.tw
電子信箱 e-mail:linking@udngroup.com

國家圖書館出版品預行編目資料

給青年詩人的信 / Rainer Maria Rilke著 .
馮至譯 . 初版 . 新北市 . 聯經 . 2004年
136面；13×19公分 . (給青年人的信)
譯自：Briefe an einen jungen Dichter
ISBN　978-957-08-2757-6（精裝）
[2024年5月初版第四刷]

1.里爾克(Rainer Maria Rilke, 1875-1926)- 通信等

784.38　　　　　　　　　　93016551